CAUSES

DES

JOURNÉES DE JUIN

PAR

UN GARDE MOBILE.

Prix : 50 Centimes.

PARIS

LEDOYEN, LIBRAIRE, PALAIS-NATIONAL,
31, galerie-vitrée.

Août 1848.

CAUSES

DES

JOURNÉES DE JUIN.

CHAPITRE PREMIER.

QUELQUES HOMMES ET QUELQUES ACTES DU GOUVERNEMENT PROVISOIRE.

I.

Tous les ressentiments nationaux, insurgés contre Louis-Philippe, s'étaient mis à l'œuvre pour accomplir le 24 Février. Les hommes à qui la France *laissa prendre* le pouvoir après la victoire, se chargèrent donc d'une redoutable responsabilité : Il leur fallait organiser la liberté, tendre une main fraternelle à tous les peuples qui allaient répondre au signal donné par la France, sauver le pays de la banqueroute, donner satisfaction aux intérêts matériels, et, par dessus toutes ces graves questions, il leur fallait résoudre enfin le redoutable problème du paupérisme qui déjà dominait toute la politique. Pour sortir victorieux de ces difficultés sans nombre, pour résoudre convenablement tous ces problèmes, pour faire, en un mot, une France libre, forte, prospère, entourée d'une foule de peuples libres par elle, ne formant avec elle qu'une seule et même volonté, il fallait seulement dans le gouvernement provisoire un seul homme d'Etat. Nous eûmes des sophistes!...

Il y avait cependant parmi les membres du gouvernement provisoire des hommes en qui se résumaient toutes les espérances des diverses opinions qui partageaient la République. Si ces hommes avaient été à la hauteur de leur mission, ou seulement à la hauteur des promesses qu'ils avaient faites, c'en était fait de nos divisions intérieures : la liberté, le progrès, c'est-à-dire : la vraie République étaient à jamais assurés parmi nous. Hélas! ces hommes n'étaient que des empiriques qui, pour la plupart, ne croyaient pas un mot des doctrines qu'ils prêchaient! Lorsqu'ils furent au faîte du pouvoir, leur impuissance se révéla tout-à-coup, ils furent comme frappés de vertiges, toutes les espérances qu'on avait mises en eux s'évanouirent aussitôt. La France fut replongée dans un abîme de maux d'où elle semblait sortie pour toujours!...

II.

Le premier des aigles du gouvernement provisoire, le plus populaire du moins, c'était Lamartine. Espoir de tous les partis, par la raison toute simple qu'il leur avait donné des gages à tous, Lamartine, d'abord légitimiste-fétiche avant 1830, continua après la Révolution de Juillet, pendant quelques années encore, à suivre la même idolâtrie. Mais, bientôt on remarqua du ralentissement, de la tiédeur dans sa dévotion au culte du prétendu droit divin. On en parlait pour en murmurer dans un certain monde, lorsque tout-à-coup il se révéla orléaniste furieux.

Cette transformation s'opéra en 1839, au beau milieu de la lutte de la fameuse coalition des partis Thiers, Odilon Barrot, Guizot et autres contre le ministère Molé.

On reprochait, et à bon droit, à ce ministère l'évacuation d'Ancône, l'abandon de la Belgique dans la question du Limbourg et du Luxembourg, les violences exercées contre la Suisse pour obtenir l'expulsion de Louis Napoléon Bonaparte, la non-intervention en Espagne qui laissait la guerre civile et le carlisme ravager ce beau et malheureux pays, etc., etc....; c'était un feu roulant de reproches justes, fondés. Le déplorable ministère Molé allait succomber sous les coups de ses nombreux et habiles adversaires, lorsqu'un homme se leva de son banc pour défendre l'abaissement continu de la France : c'était un légitimiste rallié, c'était M. Alphonse de Lamartine.

Il parla en faveur de l'évacuation d'Ancône, il loua l'abandon de la Belgique, il félicita le ministère Molé des vexations exercées contre la Suisse, il applaudit à la non-intervention en Espagne ; en un mot il couvrit, il atténua à l'aide de son éloquence toutes les turpitudes de l'administration de Louis-Philippe.

Le ministère Molé, grâce à cet appui inattendu, sortit triomphant de la lutte : il eut huit voix de majorité. Ce triomphe fut de peu de durée. Le pays jugea plus sévèrement les actes de l'administration Molé que M. de Lamartine ne les avaient jugés : aux élections qui suivirent, ce ministère fut emporté.

M. Dufaure forma le cabinet du 12 mai à la suite de la première échauffourée Barbès ; c'était une administration quasilibérale : elle compta M. de Lamartine parmi ses adversaires.

M. Dufaure et ses amis tombèrent à propos de la dotation Nemours. Survint le ministère du 1er mars, celui de M. Thiers, ministère quasi-national : il avait osé poser un cas de guerre! Sous Louis-Philippe c'était un acte rare et qui, à cause même de cette rareté, méritait d'être soutenu : il compta parmi ses adversaires M. de Lamartine.

Vint le traité du 15 juillet, puis la chute du cabinet du 1er mars, les hontes de 1840 et l'avénement du ministère Guizot. M. de Lamartine défendit les hontes et le ministère Guizot. Il défendit ce ministère jusqu'en 1842 ; alors commença son opposition. Pourquoi, à quelle occasion lui, Lamartine, qui n'avait jamais su qu'appuyer, que louer les puissants du jour passa-t-il tout-à-coup dans l'opposition ? On dit que ce fut à la suite d'une ambition déçue ! Quoiqu'il en soit, le duc d'Orléans s'étant cassé la tête sur le pavé de la Révolte, comme il s'agissait d'une loi de régence, M. Guizot ayant demandé la régence des hommes, M. de Lamartine défendit celle des femmes.

Ce fut son premier pas dans l'opposition libérale. Il venait de l'extrême droite, de ces limbes où on se prosterne devant la blanche couleur fleurdelisée avec une componction égale à celles des vieilles dévotes devant de vieilles amulettes ; il avait passé par le centre, par ces lieux marécageux d'où dix-huit années durant, on n'entendit sortir que des coassements en l'honneur de l'abaissement de la France, de la ruine de ses libertés : il ne tarda pas à atteindre les bancs les plus avancés de l'extrême-gauche. Puis, comme l'ex-chantre de la légiti-mité et du guizotisme ne trouvait sans doute pas de nuance assez foncée dans la chambre qui pût aller de pair avec son opposition de fraîche date, son imagination vagabonde franchit l'enceinte du Palais-Bourbon et se plut à errer dans les dédales du socialisme.

Ainsi, en quelques années, Lamartine avait passé par toutes les variétés d'opinions : depuis le blanc le plus pur, jusqu'au rouge le plus ardent. Cependant, grâce à son talent, grâce à l'espérance que quelques partis avaient conçus de le fixer dans leur sein, malgré ses nombreuses variations politiques, Lamartine était le plus populaire des membres du gouvernement provisoire.

Il faut être juste pourtant, et après avoir constaté tant de mobilité dans cet homme, je ne dois pas cacher qu'il est un point sur lequel l'inconstant Lamartine n'a jamais varié : c'est dans sa haine pour Napoléon. Il lui a été fidèle à cette haine, il l'a toujours traînée à sa suite dans toutes ses évolutions po-litiques : légitimiste fétiche, carliste enragé ou rallié, orléa-niste obséquieux, guizotin servile, opposant furieux, socialiste illuminé, communiste converti, membre du gouvernement provisoire ou chef de la commission exécutive tour-à-tour, dans toutes ces diverses transfigurations, il n'a jamais oublié cette haine invétérée contre Napoléon. Partout et toujours elle se retrouve dans tous ses discours, dans tous ses livres. Elle perce, elle se rencontre encore cette haine, lorsqu'inventant une infâme calomnie, un triple assassinat, il essaya, avec des émotions factices dans la voix, de surprendre à l'Assemblée nationale un décret de bannissement contre le neveu de l'Empereur, contre Louis Napoléon Bonaparte, l'élu du peuple!...

Voilà quel était le passé de Lamartine lorsqu'il parvint au gouvernement provisoire. Pour la masse de ses adorateurs, cet homme était un bon et franc républicain qui s'était formé peu à peu une conviction solide. Pour les hommes réfléchis, au contraire, ce n'était qu'un ambitieux soupçonné, non sans raison, d'avoir plus de légitimisme dans le cœur que de républicanisme. Au pouvoir, il ne fit rien pour justifier les espérances de ses amis ; il fit tout au contraire pour donner le cachet de la certitude aux appréhensions de ses adversaires.

Dans le gouvernement provisoire, Lamartine s'était chargé de l'extérieur. Il commença par envelopper son œuvre d'un nuage impénétrable d'où il ne tarda pas à la tirer. Cette œuvre, c'était un manifeste, ce manifeste, c'était à l'Europe qu'il était adressé. Or, que contenait-il ? la politique de Casimir Périer : LA NON-INTERVENTION!... O ! grand homme d'Etat !...

Il ne fallait qu'un mot, après le 24 février pour en finir enfin avec l'absolutisme dans les trois quarts de l'Europe ; un mot, et du détroit de Gibraltar aux rives du Niémen, des plages de la mer du Nord aux rivages de la mer Noire surgissaient une foule de peuples libres à jamais et liés au nom de cette liberté par une fédération indissoluble contre les deux dangers de la démocratie, du progrès européens : la Russie et l'Angleterre ; ce mot, c'était celui-ci : GUERRE! GUERRE! pour l'affranchissement des peuples !

Au lieu de ce mot sauveur, l'ex-élève de la légitimité, le ci-devant disciple de Guizot, de Molé, ou plutôt de Louis-Philippe, Lamartine, nous imposa le triste héritage de la grande politique orléaniste. Sur le drapeau défiguré de la Révolution Française, il écrivit : NON-INTERVENTION.

NON-INTERVENTION ! n'était-ce pas ce principe égoïste qu'il défendait en 1839 contre la coalition au profit du ministère Molé ? N'était-ce pas ce principe qu'il défendait lorsqu'il quittait en ce moment même les bancs de la légitimité pour défendre sur ceux de l'orléanisme : l'évacuation d'Ancône, la NON-INTERVENTION en Espagne, la NON-INTERVENTION en Belgique, la NON-INTERVENTION en Égypte ! Vous voyez bien que cet homme a moins changé qu'on ne le disait, et que le ministre de la République d'aujourd'hui n'a rien à envier au champion de l'abaissement continu des temps des ministères Molé et Guizot! (*Voir note 1re.*)

III.

Nous connaissons le premier aigle du gouvernement provisoire : Lamartine; voici le second escorté de son aiglon : Ledru-Rollin, traînant à sa suite le grand Flocon.

Ledru-Rollin n'était pas républicain dans les premiers jours de la monarchie de juillet, il l'est devenu depuis, voilà tout. Cet homme était très-populaire dans certaines régions de la démocratie : Pourquoi ? Nul ne le sait. A moins que ce ne fût pour le récompenser de sa ridicule entrée à la chambre après son élection dans la Sarthe, ou pour le dédommager de ce que après avoir agité le pays des travailleurs, à propos de la pétition sur l'Enquête Sociale, il n'eut même pas l'énergie, étant à la chambre, de faire engager le débat sur cette question, ni même de faire rapporter la pétition ! Quoiqu'il en fût, il se croyait un grand homme d'État, et par beaucoup il était désigné d'avance comme le sauveur de la République, de compte à demi avec le citoyen Flocon bien entendu.

En effet, qu'est-ce qui aurait sauvé l'avenir de l'humanité, si l'humanité n'avait pas renfermé dans son sein le dieu Ledru-Rollin et son prophète Flocon ?

Hélas ! quel triste dieu que le citoyen Ledru-Rollin, quel faux prophète que le citoyen Flocon ! Ils n'avaient même pu prévoir, l'un et l'autre, que la révolution était derrière les banquets ! Tous les deux ils se déchaînèrent, de conserve avec le *Journal des Débats*, contre le banquet du Château-Rouge. Ils rugissaient, les hommes d'État du journal *la Réforme*, ils rugissaient rien que d'entendre prononcer ces mots : *Banquet, Réforme électorale*. Puis, tout-à-coup, sans transition aucune, las de rester seuls dans leur opposition, ils se mêlèrent au mouvement. Mais peu s'en est fallu qu'ils ne le compromissent complétement par leurs exagérations intempestives. Ils firent si bien, ces deux grands hommes d'État, que M. Guizot, que les conservateurs trouvèrent des arguments contre la réforme électorale, contre les banquets, précisément parce que ces deux Messieurs, dans leur zèle exagéré et inopportun, avaient enfourché leur *dada* ultra-démagogique. Ils avaient si bien fait, ces braves citoyens, qu'encore un peu et tout le mouvement échouait. Ils avaient agi, en divulguant le but de la réforme demandée, des banquets, ils avaient agi exactement comme ces représentants du peuple qui démasquant tout-à-coup, avant le moment propice, des batteries à grand peine préparées par le commandant d'artillerie Bonaparte, compromirent le succès de l'attaque qui devait être faite le lendemain contre Toulon. Pour des citoyens comme Ledru-Rollin et Flocon, pour des hommes d'État! c'est fort triste, mais c'est vrai!...

Il y avait de grandes choses à faire le premier jour de la Révolution de Février, des choses graves, importantes, solennelles même! Savez-vous quel fut le premier acte du citoyen Ledru-Rollin? Il signa deux décrets : l'un contenait... la nomination d'un gouverneur du Louvre, l'autre... l'ajournement de l'exposition de peinture. Voilà l'homme! l'un des dieux de la République-Rouge! De petits actes dans les grandes circonstances ; de grands mots, de grandes promesses lorsque tout est calme.

Le second acte du grand citoyen Ledru-Rollin, fut la nomination de ces fameux commissaires du gouvernement, gens ignares, à part quelques rares exceptions, qui n'avaient d'autres titres à la confiance publique que d'avoir été les courtiers d'abonnement du journal *la Réforme*.

Tout cela se fesait de concert avec l'illustre Flocon. Il est vrai de dire que tout cela tuait la République dans son berceau ; mais qu'importait à ces deux grands hommes, pourvu qu'ils touchassent à tout? En effet, ces deux grands citoyens semblent étant au pouvoir, n'avoir pas eu d'autres préoccupations que d'attacher à toutes choses leurs noms, désormais illustres.

On connaît ces fameuses circulaires émanées du ministère de l'intérieur, ministère dont le citoyen Ledru-Rollin était le Jupiter tonnant et le citoyen Flocon le secrétaire-général; on connaît ces circulaires, dis-je, qui firent tant d'ennemis à la République : il s'agissait d'effacer les divisions, elles les creusèrent davantage. Elles excitèrent si bien les craintes, les alarmes des populations qu'elles fournirent à la double réaction légitimiste et orléaniste, l'occasion de recruter plus de soldats que la plus sanglante terreur ne leur en aurait jamais donnés. — O! grands hommes d'État!...

Par la nomination de ses commissaires, le citoyen Ledru-Rollin fit siffler le gouvernement provisoire dans les départements. Par leurs circulaires, le même citoyen Ledru-Rollin et le citoyen Flocon rendirent la République odieuse dans ces mêmes départements.

IV.

Ils étaient nombreux, dans le gouvernement provisoire, les rois des airs qui devaient dominer la situation, résoudre tous les problèmes, fonder une République modèle pour l'éternité;

ils étaient nombreux. Déjà nous connaissons les deux aigles aux plus vastes envergures : Lamartine et Ledru-Rollin, déjà nous connaissons l'aiglon Flocon, qui sur bien des points se croit supérieur à ses pères ; voici venir le troisième aigle de l'aire de Février et à sa suite un tout petit aiglon muet, voici venir Louis Blanc, le sauveur de l'humanité et derrière lui Albert, le compère de ses divines promesses. Qu'est-ce qu'Albert ? Une révélation inopinée de la révolution, une étoile dégagée tout-à-coup des nuages qui voilaient sa lumière et derrière lesquels elle n'a pas tardé à disparaître de nouveau. Qu'est ce qu'Albert, l'ouvrier ? Un nom, un mot destiné à rassurer à contenir la classe ouvrière qui voyait en lui, dans le gouvernement, un des siens chargé de défendre, de faire prévaloir ses intérêts. Hélas ! que cette erreur était grande, Albert n'était là que pour servir de repoussoir aux hallucinations de Louis Blanc.

Louis Blanc ! c'était le grand prêtre du gouvernement provisoire ; le socialisme incarné, le Christ sauveur des temps modernes ; Christ sans Calvaire bien entendu. Sans passé politique, il devait en partie sa réputation à l'histoire (méritoire à plus d'un titre) qu'il publia sur les dix premières années du règne de Louis-Philippe, et à un volume sur les prolégomènes de la révolution française. Ce volume fit sa réputation parmi les socialistes, peut-être parce qu'il y dit que Luther et Calvin, ces deux grands destructeurs du libre arbitre, sont les ancêtres de la Constituante et de la Convention, ces deux grandes écoles de la liberté !

Une autre publication qui explique mieux la réputation de Louis Blanc, comme socialiste, c'est son petit livre sur l'*Organisation du travail*, dans lequel il préconise, comme la fin de tous nos maux, la centralisation de toutes les industries dans les mains de l'État, qui, repartissant le travail dans des *ateliers nationaux*, donnerait seul de l'occupation aux ouvriers qu'il tiendrait ainsi dans une parfaite égalité, c'est-à-dire que par cette organisation du travail, le pontife Louis Blanc ne propose rien moins que l'organisation de l'esclavage sur le modèle antique, avec des perfectionnements qui le rendrait encore plus odieux.

Quoiqu'il en soit, les populations abusées sur les mérites des idées de M. Louis Blanc, n'en appercevant pas les périls, attendaient de ce socialiste la fin de toutes leurs misères par la mise en pratique de ses théories sociales.

Si Lamartine, si Ledru-Rollin et son compère Flocon se fourvoyèrent étrangement, le pontife de l'organisation du travail, Louis Blanc et son diacre Albert ne s'égarèrent pas moins.

Louis Blanc convoqua un concile au Luxembourg, il y parla,

il y gémit, il y pleura et voilà tout. De cette grande organisation du travail qu'il devait mettre en pratique, point de nouvelles. Il ne fit rien ; c'est à-dire je me trompe : d'abord il faillit ressusciter les jurandes et les maîtrises dont nos pères eurent tant de peine à se débarrasser. Puis, notre prétendu continuateur de la Constituante et de la Convention, ces deux grandes écoles libérales, tua tout bonnement la liberté du travail, en limitant sa durée. Le résultat de ce beau chef-d'œuvre ne tarda pas à se faire sentir ; dès le lendemain, il y eut *cent vingt mille ouvriers* sur le pavé !...

Ce que voyant le gouvernement provisoire, il eut une idée, c'était rare, il organisa... le travail ?. . Non ! l'esclavage !...

En effet, qu'était-ce que tous ces ateliers nationaux, commandés par des chefs et où l'ouvrier une fois admis devait faire abnégation de sa volonté pour obéir au brigadier, faire les travaux qu'on lui imposait, si non les premiers germes de l'esclavage antique ?

Ainsi, voilà ce que nous donnaient ces fiers tribuns, ces prétendus continuateurs de la Constituante et de la Convention. O vanité ! O impuissance ! ces socialistes si rogues, ces détracteurs si emportés de la société, ces hommes qui s'apitoyaient sur le sort de l'ouvrier gagnant à peine de quoi vivre ; non seulement ils lui ôtent une partie de son salaire (jamais dans les ateliers nationaux l'ouvrier n'a eu une paie égale seulement à la moitié de celle qu'il recevait, dans les plus mauvais jours, en travaillant dans les ateliers particuliers), non seulement, dis-je, ces ouvriers recevaient une paie insuffisante, mais encore ils n'étaient plus libres de choisir leur travail : ils étaient embrigadés !...

Ces moralistes si sévères, ces publicistes si pudibonds, qui nous peignaient à grands traits les tortures de ces malheureuses filles du peuple, obligées de demander à la prostitution de l'amour un supplément au salaire insuffisant pour vivre qu'un travail opiniâtre ne parvenait pas à élever au de là de quelques sous ; savez-vous ce que ces grands régénérateurs firent pour ces pauvres filles du peuple ? Ils en réunissaient tous les jours *vingt-cinq mille* dans des lieux malsains et pour un salaire moitié moins élevé que celui de leur travail ordinaire, ils les condamnaient à vivre ainsi ensemble plusieurs heures durant, à entendre les propos obscènes de ces malheureuses filles perdues, qui s'étaient mêlées à elles. Si bien que ces ateliers nationaux pour ces femmes ne furent bientôt plus que des écoles de misère et de prostitution ! .. O ! femmes du peuple, voilà ce que ces régénérateurs de la société faisaient de vos filles !...

Ce n'est point tout, ces ouvriers qu'on avait réunis au nombre de 120,000, on ne savait même pas les occuper. Nos grands hommes de gouvernement provisoire ne surent pas créer des travaux sérieux pour employer dans un but d'intérêt public, cette masse énorme d'ouvriers qu'ils venaient d'embrigader. Aux uns ils disaient : *faites un trou ;* puis, aux autres, ils disaient encore : *bouchez ce trou.* Quelle dégradation de l'espèce humaine! Cent vingt mille ouvriers intelligents, probes, actifs pour la plupart furent ainsi transformés en machines stupides, occupées à remuer inutilement quelques tombereaux de terre!

Cela dura quelque temps, puis, ces ouvriers se firent ce raisonnement tout simple : « Ce que les uns font, les autres le défont; nous produirions tout autant si nous nous croisions les bras, il y aurait même pour le gouvernement économie d'outils et pour nous économie de fatigue. » Cela dit, ils cessèrent leurs travaux inutiles, abrutissants. Ils se bornèrent à percevoir l'aumône du Gouvernement : le signe de leur servitude !

V.

Ainsi, si je me résume, Lamartine, Ledru-Rollin, Louis Blanc, escortés de Flocon et d'Albert par la puissance de leur popularité, étaient désignés d'avance comme les principaux fondateurs de la démocratie française, comme les réorganisateurs de la Société; et cela, grâce à leurs promesses, à leurs discours où l'enflure le disputait au clinquant. — Comment toute cette popularité a-t-elle disparu?

Comment en un plomb vil l'or pur s'est-il changé?

C'est que de toutes ces promesses, de tous ces discours, de toutes ces espérances, il n'est rien resté lorsque ces messieurs furent au pouvoir. Si on leur demande ce qu'ils firent pour justifier la confiance qu'on leur avait donnée, ils ne peuvent rien répondre; l'écho seul parle pour eux et répète cette triple exclamation, désormais historique :

Rien ! Rien ! Rien !

Mais, s'ils ne firent rien pour justifier la confiance que le pays avait mise en eux, par leurs actes ils n'ont justifié que trop bien l'animadvertion dont ils sont aujourd'hui l'objet. En effet : la République proclamée, le gouvernement provisoire installé, l'un et l'autre reçoivent l'adhésion de l'unanimité de la France. Tous les esprits se confondent dans une même volonté : le maintien de la République, du gouvernement provisoire. Mais tout ne tarde pas à changer.

Lamartine renouvelle la politique de Casimir Périer, et dès ce moment il soulève les justes haines, les légitimes colères de tous les hommes qui veulent une France grande, glorieuse, entourée de peuples libres, ses alliés.

A son tour, Ledru-Rollin et son servant Flocon, gâtent tout dans les départements avec leurs exclusions, leurs catégories, leurs républicains de la veille et du lendemain, et surtout avec leur piètres *envoyés*. Tout cela fut comme un dissolvant énergique. Les départements protestèrent contre tant d'attentats commis à leurs libertés : ils nommèrent des représentants dont un grand nombre sont..... ou plutôt ne sont pas même du lendemain !

N'oublions pas le grand pontife Louis Blanc et son diacre Albert, qui désorganisèrent le travail par la fixation arbitraire de la durée de la journée ; par leurs paroles, leurs promesses qu'ils ne purent ou ne voulurent pas tenir.

Enfin, le gouvernement provisoire, en masse, couronne dignement l'œuvre par la création des ateliers nationaux.

Tous ces hommes firent si bien, que d'unanime le 24 février, le 4 mai, jour de l'ouverture de l'Assemblée Nationale, le pays se trouvait plus divisé que jamais. Par ses actes le gouvernement provisoire fournit à l'avenir tous les éléments nécessaires pour amener la catastrophe dont nous venons d'être témoins et acteurs, ces actes nous allons en voir le développement logique ; nous allons les voir exploiter par les hommes qui ont intérêt aux bouleversements ; grâce à l'inaction de l'Assemblée Nationale, grâce aussi à quelques-uns des actes de la commission exécutive, nous allons voir l'insurection s'apprêter et surgir comme le résultat naturel de quatre mois d'administration, de faits, dénaturant ou plutôt obscurcissant complétement le but de la Révolution Française.

CHAPITRE II.

L'ASSEMBLÉE NATIONALE ET LA COMMISSION EXÉCUTIVE.

I.

Ce fut un grand jour pour la France, un jour solennel que celui où, pour la première fois depuis tant d'années, ses élus se trouvèrent assemblés. De ce jour devait dater la conquête définitive de toutes les libertés ; l'avénement, si longtemps désiré, d'une autre politique : Celle du progrès.

Jour solennel ! car s'il n'était le premier d'une ère démocratique, il inaugurerait une longue période d'anarchie, de sanglantes dissensions intestines.

L'une et l'autre alternative était offerte à la France : liberté ou anarchie, progrès ou rétrogradation. Du choix qu'elle ferait, par l'intermédiaire de ses représentants, allait dépendre son avenir. Au triomphe de la liberté et du progrès était attaché la fin de toutes nos révolutions ; tandis que celui de la réaction, de l'anarchie amènerait à sa suite une série innombrable de bouleversements politiques et sociaux.

Or, un premier danger était à éviter : il fallait craindre de prolonger le provisoire, il fallait se hâter de constituer définitivement la République française. « Si l'armée ne traverse pas le désert avec une grande rapidité, elle y périra », écrivait à Bonaparte un général de l'armée d'Egypte. Le 4 mai on pouvait dire de même . « Si la République ne franchit pas avec une grande rapidité *le désert du provisoire*, elle y succombera, où, pour la fonder, il faudra des flots de sang. »

Ce qu'on pouvait craindre alors est arrivé. Pouvait-il en être autrement? Les hommes du gouverment provisoire furent autant au-dessous de la situation après comme avant la réunion de l'Assemblée nationale. A ces représentants, qui ne se connaissaient pas eux-mêmes, on devait parler un langage élevé, et au nom de l'urgence il fallait leur faire décider qu'ils s'occuperaient de la Constitution avant toute chose ; qu'ils ne feraient rien tant qu'elle ne serait pas votée. Tout serait terminé maintenant. La double réaction n'aurait pas eu le temps de se produire ; nous ne serions pas exposés, après avoir livré bataille aux Rouges, à recommencer un autre combat contre les Blancs. Nous n'aurions pas aujourd'hui à trembler pour nos plus chères libertés.

Tout le mal vient des principaux hommes qui étaient dans le gouvernement provisoire, là est la source de tous nos périls, comme là était le siége de toutes les incapacités : après avoir perdu soixante-quinze jours d'un temps précieux à ne rien faire, lorsqu'ils ne compromettaient pas tout , ils avaient si mal préparé leurs travaux que lors de la venue de l'Assemblée il n'y avait rien de prêt. Si bien qu'on peut les rendre aussi responsables de la perte des sept semaines, que l'Assemblée a inutilement employées, entre le jour de son installation et les premiers groudements de l'émeute, à ne discuter que des choses vaines et inutiles, ou tout au moins tout-à-fait secondaires.

Ainsi, de même aujourd'hui.... mais l'heure n'est pas venue pour traiter ces questions avec une complète liberté d'esprit, cette heure reviendra peut-être ! Rentrons dans notre sujet.

Donc, alors que quelques jours seulement étaient donnés pour fonder la République les semaines ont été perdues, comme si on avait été en temps ordinaire ; comme si nos législateurs,

nos hommes d'Etat avaient eu devant eux l'éternité pour accomplir leur œuvre! eux qui, non-seulement ne sont pas certains du lendemain, mais même de l'heure qui suit celle où
ils délibèrent!

Et pendant que l'on perdait ainsi tant de journées précieu-
ses, on laissait, abandonnée à elle-même, une nombreuse population rongée par la misère, dont les défiances étaient encore
excitées par la crainte d'une réaction probable. On laissait cette
population sans guides, sans conseils, sans secours efficaces,
exposée aux paroles brûlantes de gens qui ne peuvent espérer
le triomphe de leurs rêves sanglants et absurdes (décorés du
titre pompeux de *réorganisation sociale*) que des inspirations
de la faim, que des soupçons de la défiance. Et on s'étonne
ensuite de ce qui est arrivé; on s'effraie, on cherche les moyens
répressifs pour prévenir le retour de semblables journées; il
en est même qui proposent une nouvelle stratégie, un nouvel
art pour mieux combattre Français contre Français!

O aveugles! ô impuissants! au lieu de vous étonner des
choses passées, étonnez vous donc, à cause de votre imprévoyance, que les malheurs n'aient pas été plus grands, et, au
au lieu de l'insulte et de la rigueur, au lieu de plans de guerre
qui fournissent aux éternels ennemis de la société : les Blancs
et les Rouges, des arguments pour allumer la colère du peuple,
soyez compatissants, soyez cléments pour les égarés de la faim
du patriotisme; et surtout, cherchez les causes de la catastrophe, faites-les disparaître. Alors vous n'aurez plus besoin ni
de troupes nombreuses pour vous garder, ni de tenir une population haletante sur le *qui vive*, ni d'exhumer tout un arsenal
de lois répressives, ni de trembler enfin pour le salut de la
République.

N'est-ce pas grande merveille, ne sera-ce pas le sujet d'un
profond étonnement pour l'avenir de voir, en présence de tant
de partis qui divisaient la République, de tant de défiances excitées même parmi les vrais républicains, qu'on n'ait pas eu
plus de désordres à regretter jusqu'à ce jour. Pour moi, plus
je considère les événements et les hommes, et plus je demeure
convaincu qu'il faut que la France soit appelée à une haute, à
une glorieuse mission pour que, désolée par l'anarchie durant
ces cinq derniers mois d'inaction complète, elle n'ait pas vu
toutes ses forces désorganisées. Oui, disons-le bien haut, car il
faut que ce soit une vérité : Dieu protège la France! Il la protège, autrement comment aurait-elle évité jusqu'à ce jour les
périls que les impuissants du gouvernement provisoire lui ont
préparés : périls sans nombre à l'intérieur comme à l'extérieur.....

Dieu protége la France! sans doute, mais quelles dures
épreuves, quels rudes chemins, faut-il donc que notre patrie

parcoure avant qu'elle atteigne enfin le but de ses mystérieu-
ses destinées.

II.

Barbès avait tenté son coup de main au cri de : *Vive la Po-
logne !* ce cri lui donna un triomphe de deux heures.

L'Assemblée ne comprit pas ou feignit de ne pas comprendre : elle persévéra dans la politique Lamartine-Casimir-
Périer, la ci-devant grande politique Guizot :

On fit des vœux pour les Polonais.

La question du travail ne fut qu'imparfaitement abordée.

Pendant qu'une commission préparait la constitution on
continua à perdre un temps précieux dans des discussions oi-
seuses ou tout au moins intempestives.

Ce que voyant, l'immense majorité du peuple crut à l'indifférence de l'Assemblée pour son bien-être ; il crut surtout à la
réaction dont on lui parlait depuis si longtemps.

Sur ces entrefaites survinrent les secondes élections de
Paris. La grande cité témoigna son mécontentement en refu-
sant la majorité aux hommes qui sympathisaient avec la commission.

Les anciens orléanistes s'étaient ralliés, ils exploitèrent la
détresse publique, l'incapacité de nos gouvernants auprès des
rentiers, des commerçants, des industriels : ils firent élirent
Thiers et quelques autres.

Les républicains rouges, de leur côté, avaient mis le temps
et les circonstances à profit ; exploitant, eux aussi, toutes les
craintes de réaction, la misère croissante de l'ouvrier, du petit
commerce, ils entraînèrent à leur suite un grand nombre de
suffrages : Proudhon et quelques autres de la même école furent élus, d'autres faillirent l'être également.

Or, tandis que ces deux mouvements opposés s'opéraient
simultanément dans l'opinion des électeurs de la Seine, un fait
bien autrement important se révéla : désespérant du salut de
la République qui semblait destinée, par suite de l'impuissance
des chefs qui s'étaient imposés à sa volonté, à n'éviter l'anarchie, la démagogie que pour tomber dans l'orléanisme, l'ins-
tinct national poussa un certain nombre d'hommes à chercher
enfin un sauveur de la République en dehors du nouveau
monde officiel, de toutes ces coteries qui lui imposaient leurs
hommes. Celui qui fut ainsi choisi en dehors de toutes les fac-
tions qui divisaient la patrie, qui sans intrigues, sans appui
dans la presse, vit sa candidature prévaloir sur celle de tant
d'hommes soutenus, patronnés par les puissants du jour, ce-
lui-là, dis-je, qui triompha sans combattre, malgré ses ennemis nombreux, ce fut un exilé de 1815, l'une des victimes de

l'invasion étrangère, ce fut Louis-Napoléon Bonaparte, le neveu de l'Empereur. A Paris seulement, il se trouva cent mille électeurs qui inscrivirent son nom sur leur bulletin de vote.

Cette élection de Louis-Napoléon, au lieu d'éclairer la commission exécutive sur ses fautes nombreuses, ne fit qu'enflammer sa colère : la médiocrité est toujours fort prompte à s'irriter.

Loin de rendre hommage au grand principe de la souveraineté nationale, principe qui leur avait donné l'existence à tous, les hommes de la commission oubliant d'un seul coup, et leur origine et le droit du pays, s'épuisèrent en manœuvres déloyales, odieuses même, pour faire annuler l'élection qui les chagrinait si fort.

Une trame odieuse fut ourdie ; une comédie dégoûtante fut jouée. A l'aide d'un mensonge-calomnie, d'un prétendu triple assassinat, Lamartine essaya de surprendre à l'Assemblée un décret de proscription contre le nouvel élu du peuple.

Etrange aberration d'un homme de talent, aveuglé par sa haine. Lamartine, homme d'Etat impuissant, devint odieux.

En apprenan t ce qui s'était passé à l'Assemblée, Paris s'indigna, Paris se prépara à la lutte.

Cette lutte, elle était imminente. Si elle avait éclaté à l suite d'un vote de proscription, d'un attentat contre la souveraineté nationale, il faut le dire hardiment, car telle est la vérité, le droit n'aurait plus été du côté de l'Assemblée, il se serait trouvé dans les rangs de tous ces hommes s'insurgeant pour faire respecter la souveraineté du pays ; cette souveraineté sans laquelle il n'y aurait plus pour la société d'autres alternatives que d'être ballotée sans cesse entre le despotisme et l'anarchie.

Dans son indignation, le peuple de Paris faisait ce raisonnement : « on admet huit cent quatre-vingt-dix-neuf représentants quelles que soient leur opinions particulières, et voilà un élu qu'on veut proscrire ! Pourquoi cette différence ? Est-ce qu'il n'est pas aussi bien l'élu de la nation que les autres ? est-ce que les voix qu'il a obtenues ne valent pas celles données à Thiers l'orléaniste, ou à Proudhon le communiste ?... Allons donc, on se moque de nous, on outrage la souveraineté nationale, on porte atteinte au suffrage universel sans lequel les proscripteurs ne seraient rien eux-mêmes. Il faut en finir avec tous ces intrigants sans principes, sans capacités. »

La commission était pour la lutte, mais l'Assemblée était pour le droit : elle ratifia l'élection qu'on voulait lui faire annuler ; elle rejeta le projet de proscription.

Honteuse de sa défaite, la commission ne désespéra pas du succès ; elle conserva le pouvoir et s'appliqua à ourdir une nouvelle trame contre Louis Napoléon. Ce petit complot, fruit des rancunes de la commission exécutive, éclata au milieu du plus grand calme des esprits. Tout-à-coup, dans le sein de l'Assemblée, un monsieur se leva, il avait la voix émue, le visage profondément altéré ; c'était le président Sénart, qui depuis... mais alors il n'était pas vertueux. M. Sénart donna connaissance à l'Assemblée d'une lettre par laquelle Louis-Napoléon annonçait au président qu'il acceptait les suffrages dont l'avaient honoré les électeurs de la Seine, et ceux d'autres départements. — Là dessus, grand tapage des impuissants. Nouveaux cris de mise hors la loi de l'audacieux *prétendant.*

Tout ce bruit venait de ce que le signataire de la lettre n'y avait pas mis le mot République ! La chose y était moins le mot. Il y avait bien de quoi, en effet, exciter les colères de nos nains-politiques qui ont toujours sur les lèvres le nom de la République, mais qui seraient bien confus si on leur lisait celui qu'ils ont dans le cœur.

Les proscripteurs profitèrent de l'émotion de l'Assemblée, pour tenter une seconde fois de surprendre un décret de bannissement contre l'audacieux dont la popularité menaçait la leur. Cependant, toute décision fut ajournée au lendemain. — Dans cet intervalle de temps, Paris fut informé de tout ce scandale. Paris s'en indigna. Mais ce qui augmenta encore l'émotion publique, ce qui émut surtout la grande cité, ce fut lorsqu'elle apprit que par un tour de passe passe, indigne d'honnêtes gens, on avait supprimé une partie de la lettre-circulaire de Louis-Napoléon, celle dans laquelle il remerciait les électeurs et où il leur disait : *qu'il fallait tous se ranger sous le drapeau de la République !*

Le mot comme la chose y était ; les impuissants l'avaient su, ils le turent. C'était donc une comédie qu'ils avaient jouée ; c'était donc de l'indignation à froid que tous ces soi disant fiers et rudes républicains avaient montrée ; il n'y avait donc rien que de factice dans ces émotions qui semblaient si vives lorsque ces hommes feignaient de trembler pour le salut de la République !...

Paris s'apprêta de nouveau à la lutte. — Cette lutte, un mot pouvait la faire naître ; ce mot, c'était celui-ci : *bannissement...* Il ne fut pas prononcé. Il n'y eut même pas de discussion. Toute cette tempête s'évanouit, elle tourna à la confusion de ceux qui l'avaient soulevée. Louis-Napoléon apprenant, dans son exil, qu'on se servait de son nom pour faire de l'agitation dans la rue et dans l'Assemblée, se montra plus grand, plus généreux que les trembleurs qui s'affrayaient de lui : il envoya sa démission, il se condamna lui-même à l'ostracisme.

CHAPITRE III.

LES JOURNÉES DE JUIN.

I.

Les Communistes, et je désigne sous ce nom les mille et une sectes qui divisent l'école socialiste de quelque nom particulier dont elles s'affublent, car, au fond de tous ces systèmes on trouve toujours le communisme lorsqu'ils n'y conduisent pas directement; les communistes, dis-je, ont tous, à fort peu de chose près, le même raisonnement. Ils possèdent infailliblement le secret qui peut guérir les maux de l'humanité. Si on leur fait quelques objections contre leurs théories, ils s'irritent tout d'abord et ne peuvent souffrir la moindre contradiction Vainement on leur dit que la société est seule juge de ses besoins et qu'elle doit être au moins libre de choisir entre son organisation actuelle et l'une des nouvelles qu'on lui propose. Vainement les engage-t-on à se borner à la démonstration de leurs théories, pour amener peu à peu la conviction dans le pays. Ils n'écoutent rien; ils veulent sauver l'humanité en dépit d'elle-même. Et ils se disent démocrates, apparemment qu'ils ignorent la valeur de ce mot : *démocratie*, autrement, crieraient-ils : *vive la République démocratique*, en fesant des barricades contre la souveraineté du pays, contre le suffrage universel; base première de toute démocratie, base qu'ils veulent détruire pour mettre à leur place la souveraineté de leur caprice ?

Or, je le demande à tout communiste de bonne foi (il y en a), qu'aurions-nous gagnés à la Révolution de Février si leur despotisme triomphait? Absolument rien. A la place des privilégiés à deux cents francs de Louis-Philippe, nous aurions les privilégiés du communisme, reconnus par l'école comme seuls aptes à régenter le monde. Triste espèce cependant que celle là, quant il s'agit de gouverner une nation. On peut être certain, lorsqu'il y a dix de ces Messieurs assemblés, que parmi eux on rencontre quinze systèmes différents. plusieurs en ayant toujours deux ou trois qui leur tournent la tête.

Cependant, si les Communistes sont loin d'être d'accord lorsqu'il s'agit d'appliquer leurs doctrines, on les trouve admirablement unis quand il faut battre en brèche la société. Ils sont alors d'une rare éloquence, et se gardent bien de se contredire lorsqu'il faut vouer aux gémonies tout notre ordre social. C'est en vain que ce pauvre ordre social traqué de tous cotés par leurs sophismes multipliés, s'épuise à leur dire qu'il est fondé sur la liberté, que cette liberté est la grande loi de l'humanité, et que sans elle il n'y a pas de Progrès possible, ils crient *raca* à la liberté et au progrès, et continuent à nous vanter les charmes de leur idéal social où tout le progrès humain se borne à faire abstraction de sa volonté, en échange d'un morceau de pain.

C'est une erreur de croire que le communisme a fait autant de ravages en France qu'on le dit. C'est une erreur très-grande et des plus dangereuse, en ce sens qu'elle peut irriter les propriétaires contre les ouvriers. Ces derniers, du moins l'immense majorité d'entre eux, ne prêtent qu'une oreille fort distraite aux syrènes du socialisme qui leur présente la coupe de toute les félicités matérielles. Le prolétaire français comprend parfaitement la vanité des espérances qu'on veut lui faire concevoir et, surtout, il en comprend tous les dangers. Ce n'est donc qu'à grande peine que le communisme recrute de temps en temps quelques soldats. Cependant il vient de montrer une grande puissance dans les journées liberticides de juin, sans doute, mais cette puissance ne lui était pas donnée par ses doctrines, elle lui venait des fautes commises depuis le 24 février. Ces fautes, à défaut d'arguments en faveur de leurs doctrines, fournissaient aux communistes des moyens puissants irrésistibles pour agir sur la masse du peuple.

Ils lui disait :

« Tu as fait une révolution, ô peuple ! et voilà que les abus dont du gémissais sous tes anciens tyrans, se perpétuent après ta victoire !

« Tu as fait une révolution afin de proclamer le règne de la capacité et voilà, comme par le passé, que les coteries de quelques hommes influents envahissent les places, les emplois, les positions politiques, sans avoir égard à la capacité.

« Tu as fait une révolution pour écrire sur ton drapeau : *liberté, égalité, fraternité*, et voilà que des hommes traître à leur foi, prêchent dans leurs circulaires de funestes divisions ; au lieu de confondre tous les citoyens dans une même égalité, dans une même fraternité, pour leur donner à tous une même liberté, voilà des hommes qui veulent partager le pays en républicains, dont les uns seraient de la veille, tandis que les autres ne seraient que du lendemain.

« Tu as fait une révolution, ô peuple ! pour tendre une main fraternelle à toutes les nations qui voudraient être libres et, tandis que l'Europe se soulève pour conquérir cette liberté, tandis qu'il ne lui faudrait qu'un faible appui pour sortir victorieuse de la lutte, voilà un homme transfuge du despotisme légitimiste, un homme que les hasards d'une révolution et les variations de sa conscience ont placé à la tête du pays, qui dit à l'Europe : retombe dans l'esclavage, nous n'interviendrons pas. Et c'est en vain qu'on dit à cet homme que parmi ces nations, qu'il condamnait ainsi, il y en avait qui jadis avaient versé pour nous le plus pur de leur sang sur nos champs de bataille, à toutes il a eu le même mot froid, impassible, lâchement assassin : Nous n'interviendrons pas...

« Tu as fait une révolution pour te sauver des angoisses de la faim, et voilà des hommes qui ne savent que te jeter l'insulte de l'aumône en te disant, comme le mauvais riche qui murmure lorsqu'il est contraint d'être charitable : « Cherchez ailleurs, je ne pourrais plus rien pour vous. »

« Tu as fait une révolution, pour mettre le pays en possession de toute sa souveraineté, et voilà qu'on menace de proscription un neveu de ton grand Empereur, parce que tu l'as élu représentant, ô peuple !

« Tu as fait une révolution, pour ôter le pouvoir aux hommes qui perdaient la patrie en l'exploitant, et voilà que la réaction marche à pas si grands que bientôt, bientôt, ces hommes reprendront ce pouvoir que tu leur as ôté ! »

Des discours semblables étaient tenus au peuple; chaque faute, chaque erreur des hommes qui gouvernaient étaient immédiatement interprétés et victorieusement transformés en cris de guerre. On ne peut le nier, tous les faits généraux que l'on reprochaient à l'administration, étaient vrais, aussi tous ces discours fesaient-ils une vive impression sur le peuple de Paris.

Cependant, une considération arrêtait encore la masse du peuple : cette Assemblée avait été élue par le pays. A celà les meneurs ne manquaient pas de répondre, que ce n'était pas contre l'Assemblée qu'on allait s'insurger, mais bien contre la commission du pouvoir exécutif, contre ces hommes qui n'avaient pas craint d'attenter à la souveraineté nationale, en proposant un décret de proscription contre l'un des élus du pays. Dès ce moment il n'y eut plus d'objections, une masse énorme d'ouvriers définitivement séduits, étaient prêt pour l'insurection. Les griefs de ces hommes étaient si nombreux, si réels, tant de *faits* plaidaient la cause de l'émeute, qu'ils oublièrent complétement le *droit*, et s'apprêtèrent à commettre un exécrable attentat contre la souveraineté du pays; ils se mirent à la disposition des communistes pour commencer l'insurection. — Ceux-ci étaient prêts depuis long-temps : ils n'attendaient plus qu'une armée pour ouvrir la lutte; or, cette armée nous venons de voir comment elle se recrutait chaque jour par suite des fautes du gouvernement provisoire et de la commission exécutive.

II.

La goutte d'eau qui fit déborder le vase; les derniers actes qui mirent les armes aux mains de l'insurrection, sont les mesures préventives prises contre les ateliers nationaux. Créés sans réflexion, ces ateliers furent condamnés de même. Cependant, avec un peu d'intelligence gouvernementale, la commission exécutive, aurait compris qu'on ne pouvait ainsi brutalement détruire un corps compacte de CENT VINGT MILLE HOMMES, pour en rejeter les membres dans toutes les angoisses de la faim. Il fallait procéder au licenciement des ateliers nationaux, sans aucun doute, il fallait rendre à tous ces hommes leur liberté, mais avant il était urgent de faire cesser l'état de stagnation où se trouvait l'industrie privée, afin que tous ces ouvriers qui allaient se trouver sur le pavé pussent immédiatement se procurer des moyens d'existence. Or, rien ne fut fait dans ce sens. Et pourtant qu'y avait-il de plus facile!

Entre tant de mesures également avantageuses, la commission prit la plus mauvaise, celle qui offrait le plus de dangers. Au lieu d'une de ces importantes décisions, claires et dont les résultats sont visibles pour tous, elle prit une mesure dont le but n'était que ténèbres pour chacun. Il fut question de diriger une partie de la population des ateliers nationaux sur des points éloignés de Paris, et de forcer une autre partie à s'engager dans l'armée. A ces nouvelles, grandes rumeurs parmi les ouvriers : *Ils ne partiront pas, ils ne s'engageront pas !* Tels étaient les cris que l'on entendait de toutes parts. On doit bien penser que pendant toute cette affaire, les hommes qui n'espèrent le triomphe de leurs idées anti-sociales ou réactionnaires que de nos troubles civils, ne restèrent pas inactifs.

« Tu le vois, ô Peuple ! disaient-il, tu le vois, la commission éloigne tes enfants de Paris pour mieux accomplir ses projets réactionnaires; et, pour te donner comme un échantillon de la liberté qu'elle te réserve, la voilà déjà qui veut contraindre tes plus jeunes enfants à prendre du service militaire ! et cela parcequ'ils sont pauvres, car ils se garderaient bien de contraindre l'enfant du riche à prendre le fusil du soldat. Tu le vois, ô Peuple, et tu le souffres !... »

« Non, nous ne le souffrirons pas, clamèrent des milliers de voix, non, plutôt la mort !... »

Et le 22 juin dans la soirée on entendit soudain ces cris s'élever dans toute la cité : *Ils ne partiront pas; ils ne s'engageront pas !...* Puis, après un instant de silence, un autre cri plus terrible encore s'éleva, cri lugubre s'il en fut jamais; c'était celui d'un peuple trompé par ses flatteurs dans toutes ses espérances, qui las de mourir lentement donnait le signal du combat. On entendit alors ces mots sortir de milliers de bouches : Du pain ou du plomb !...

Le signal était donné; quatre mois d'imprévoyance, d'incapacité allaient porter leurs fruits. Le plus pur du sang français était à la veille de couler, versé par des mains françaises...

III.

On a reproché avec raison à la commission exécutive, de n'avoir pris aucune mesure pour assurer le maintien de l'ordre dans la journée du 15 mai et d'avoir ainsi, comme à plaisir, laissé violer l'Assemblée nationale. A bon droit, on peut lui reprocher d'avoir été encore plus imprévoyante pour empêcher les troubles de juin. Non seulement ces hommes si vains de leur génie, si impuissants à l'œuvre ne commirent que fautes sur fautes durant tout le temps que dura leur pouvoir, mais encore lorsqu'il était démontré à tout le monde que les difficultés accumulées, comme à plaisir, ne pouvaient plus être résolues que par la force, la commission demeura dans l'inaction. Et pourtant la population de Paris, la garde nationale, la garde mobile, l'armée savent si on était avare de prises d'armes inutiles. Le 22 juin, alors qu'il était urgent d'empêcher la réunion du Panthéon, on ne fit rien ; exactement comme on ne fit rien non plus le 15 mai au matin, pour arrêter le complot qui s'organisait place de la Bastille.

Après la réunion du Panthéon, la commission ne pouvait feindre l'ignorance ; le cri de guerre y avait été poussé ; le lendemain on attaquerait, tout le monde le savait. Et cependant, aucune précaution ne fut prise. Au lieu de faire occuper pendant la nuit, par la force armée, les points importants de Paris, ceux qui voient toujours naître toutes les émeutes, la commission ne fit rien, n'ordonna rien, elle laissa la garde nationale dans ses foyers et les troupes dans leurs quartiers. Or, il est évident, pour celui qui connaît Paris, qu'une fois certains points fortement occupés une émeute sérieuse devient impossible. En un mot, des mesures militaires sagement et énergiquement prises dans la nuit du 22 au 23, pouvaient épargner à Paris les horreurs des journées de juin, ou tout au moins réduire l'émeute à des proportions insignifiantes.

La commission ne fit rien, ne prit aucune précaution. Après avoir rendu les hostilités imminentes, par son incapacité, elle ne put, ne sut ou ne voulut rien faire pour en empêcher l'explosion. Non-seulement les insurgés eurent pour élever leurs fortifications, pour se préparer au combat toute la nuit qui précéda le 23 juin, mais encore cette journée entière et la nuit qui la suivit ; car le 23 se passa sans qu'aucune mesure d'ensemble fut prise ou exécutée pour réprimer l'insurrection ; si bien, que durant toute cette journée les insurgés purent se croire appuyés par l'immense majorité des pouvoirs publics et profiter de cette croyance, qui exaltait leur audace et leur amenait de nombreux soldats, pour compléter leurs divers préparatifs de combat durant la nuit du 23 au 24. Ce n'est que du 24 juin que la répression sérieuse de l'insurrection peut dater réellement ; jusques-là il n'y avait eu que des engagements partiels, sans aucun ensemble dans l'exécution ; rien dans les mouvements, dans les combats des défenseurs de l'ordre et de la liberté n'indiquait, jusques-là, qu'une main ferme et intelligente présidât au commandement. Tout allait, tout flottait au hasard ; un peu plus d'audace de la part des insurgés et peut-être que pour quelques jours ils seraient demeurés les maîtres de Paris. Mais le 24, après les premières heures, ils ne pouvaient plus triompher : la commission exécutive n'existait plus, Lamartine et Ledru-Rollin étaient rentrés dans le néant, d'où, pour le bonheur de leur pays, ils n'auraient dû jamais sortir.

<h2 style="text-align:center">IV.</h2>

Le 23 juin, alors que l'insurrection déployait toutes ses forces, il y eut une longue hésitation dans la cité. En voyant, en entendant ces nombreux insurgés, tout en élevant des barricades, exhaler leurs plaintes, exposer leurs griefs nombreux, réels, un grand nombre de citoyens hésitèrent, et, tandis que beaucoup se bornèrent à faire des vœux pour la rébellion, d'autres, plus prompts à s'enflammer, se joignirent à elle. On ne savait pas bien ce que voulait l'émeute ; mais ce qu'on n'ignorait pas, c'est qu'en la combattant on consolidait la commission exécutive, et beaucoup de citoyens trouvaient que, pour les services que cette commission avait rendus au pays, il n'y avait pas de presse à se faire tuer pour elle.

Cependant, tandis que l'immense majorité de Paris flottait ainsi entre les deux causes, quelques gardes nationaux engageaient résolument le combat en enlevant les barricades de la porte Saint-Denis. On dit qu'ils agirent sans ordre, c'est probable, la commission n'ordonnait rien ; mais ce qui est certain, c'est que ces citoyens courageux avaient parfaitement compris le péril que courait la société. La garde mobile aussi avait compris ce péril, et sans hésitation aucune lorsque son heure fut venue, elle répondit au feu des insurgés. C'est qu'en effet, le péril était bien réellement dans le triomphe de l'insurrection. Ce triomphe amenait la dissolution de l'Assemblée, et l'Assemblée c'était la souveraineté du pays. Or, cette souveraineté méconnue ce qui restait, c'était l'anarchie; car alors il n'y avait plus de *droit politique* pour la France, il n'y avait plus de principe, d'ancre auxquels la révolution pût se rattacher assez fortement pour qu'elle ne fût pas entraînée dans le despotisme de l'anarchie. C'est ce qu'avaient compris les gar des nationaux qui combattirent l'insurrection, c'est parce que la garde mobile l'avait compris de même, qu'elle s'élança tête baissée contre les barricades de juin *(Voir note 2.)*

L'armée, qui par suite de sa constitution même est trop en dehors du mouvement politique, l'armée suivit l'impulsion de la garde nationale, de la garde mobile; elle comprit que le droit était de ce côté-ci des barricades.

Et pourtant, malgré le puissant concours d'une partie de la garde nationale, de la garde mobile, de l'armée, l'Assemblée allait succomber. Le 24 juin au matin, grâce à l'impéritie de la commission, l'insurrection victorieuse s'avançait de toutes parts, et menaçait d'enlever l'Hôtel-de-Ville.

Au moment critique, l'Assemblée comprit enfin que l'heure des ménagements était passé, il s'agissait pour elle d'*être* ou de n'*être plus*, elle se rendit au vœu public : elle contraignit les membres de la commission exécutive à donner leur démission. Cette nouvelle se répandit promptement dans Paris; elle vint redoubler l'ardeur des défenseurs de l'Assemble; désormais il n'y avait plus entre eux et elle ces hommes sinistres qui s'apprêtaient déjà à profiter du sang que leurs fautes sans nombre faisaient couler.

Ce qui donna encore plus de courage, de zèle aux soldats du suffrage universel, ce fut la connaissance que l'on eut enfin du but véritable que se proposaient d'atteindre en cas de succès, les chefs, les meneurs de l'insurrection. Il ne s'agissait pas pour eux de peuples à secourir, de finances à réorganiser, d'élections à préserver, d'ouvriers à occuper, de République à sauver; mais il s'agissait, on le savait enfin, pour les chefs de l'insurrection d'imposer leur volonté communiste à la France. Ce qui était en péril, ce n'était pas seulement l'Assemblée, la souveraineté nationale, c'était encore la liberté, le progrès qui dans la famille, dans la propriété étaient ouvertement attaqués.

Dès que cette certitude fut acquise, il ne pouvait plus y avoir de doute sur l'issue du combat; l'insurrection serait vaincue. Les forces des défenseurs de la liberté, du progrès, de la propriété, de la famille, du droit, en un mot, ces forces décuplèrent aussitôt; celles des insurgés au contraire furent tout à coup réduites de toute cette masse d'ouvriers qui avaient été trompés, abusés sur le but de l'insurrection, et qui abandonnèrent ses rangs dès que ce but mystérieux leur fut révélé.

Le sort de l'insurrection fut ainsi fixé. A partir de la prise du Panthéon, elle ne compta plus que des défaites sans compensation, et bientôt vaincue sur tous les points, elle s'en alla mourir dans le faubourg Saint-Antoine, où, après avoir perdu ses premiers et redoutables retranchements, elle n'eut même plus la force d'opposer la moindre résistance derrière ces innombrables barricades qui coupaient encore toutes les rues du faubourg. Et cependant, s'il en faut croire ses défenseurs, elle combattait sur son propre terrain !

CHAPITRE IV.

CONCLUSION.

J'ai exposé les causes principales, qui à mon avis ont determiné l'explosion de l'insurrection de juin. J'ai raconté comment quelques hommes, revêtus de la confiance publique, furent assez au-dessous de cette confiance pour faire le contraire de ce qu'on attendait d'eux. On a vu cette grande révolution de février, dont les résultats pouvaient être si prompts et si imposants, tomber tout à coup des hauteurs qu'elle avait atteintes jusqu'à se défendre elle-même contre des attaques aussi insensées qu'odieuses. Et maintenant quelle conclusion devons-nous tirer de tous ces enseignements ? Devons-nous, comme on nous le propose, frapper cette liberté dont quelques hommes ont abusé dans l'intention de la détruire, et que quelques autres ne surent pas garantir de toutes souillures, de toutes atteintes, bien qu'ils en eussent reçu mission de la volonté nationale ? Devons-nous encore, comme on nous le propose, nous méfier de la faveur populaire, ravir au pays entier le droit de choisir son premier représentant, et cela parce qu'il s'est trouvé des hommes qui ont trompé la confiance publique, parce qu'on craint qu'il s'en trouve encore ? Devons-nous enfin, comme on nous le propose, renoncer aux fruits de soixante années de révolution, pour nous rejeter violemment dans les bras du passé, parce qu'il s'est trouvé des hommes qui ont attaqué la propriété, la famille, c'est-à-dire le progrès, et des hommes qui ne surent pas défendre ces choses sacrées ?

Non ! gardons-nous de tirer une telle conclusion de l'enseignement du passé ; résistons énergiquement à toute pensée réactionnaire qui tenterait à nous ramener vers un ordre de chose désormais condamné ; résistons à toutes ces tendances, comme nous avons résisté aux attaques brutales du Communisme en délire !

Ecrivons sur notre drapeau : *ni Rouges ni Blancs* !

Eh quoi ! oublient-ils donc quelle est la cause du triomphe que l'on vient de remporter, les hommes qui à la faveur de la peur essaient de nous faire déserter les grands principes de la révolution ? Oublient-ils donc que la cause de notre triomphe, de la défaite de l'insurrection, c'est tout d'abord parce que nous défendions la liberté, la souveraineté nationale attaquées ; c'est parce que nous défendions ces deux puissantes bases de la démocratie, que nous avons vaincu, que nous avons repoussé le peuple, qui en dehors des communistes avait raison de se plaindre, mais qui avait un bien grand tort : celui de demander le redressement de ses griefs les armes à la main !

Je le demande, quel est l'homme qui n'ayant pas à défendre la liberté, la souveraineté nationale aurait tiré sur ceux qui demandaient du pain qui, réclamaient plus de sincérité dans le gouvernement, qui élevaient la voix pour se plaindre de ce qu'on avait voulu annuler une élection du peuple, qui se plaignaient enfin de l'abandon où on laissait les nations alliées de la France ? Quel est l'homme, je le répète, qui aurait tiré contre ceux ayant tant de griefs justes et fondés, si cet homme n'avait pas eu à défendre la liberté et la souveraineté nationale ? Car, il ne faut pas l'oublier, dans les premiers moments de l'insurrection, il ne s'agissait pas de communisme, on ne parlait pas d'attentat contre la famille, contre la propriété : c'était le peuple qui se plaignait, mais aussi c'était la liberté, c'était la souveraineté nationale qui étaient en péril !

Nous avons tous visité après la victoire le lugubre champ du combat ! Nous avons vu ces maisons labourées par les balles, percées par les boulets, dévastées par l'incendie ! Nous avons parcouru ces rues au pavage bouleversé ; et, pour contempler les désastres de la grande cité, il nous a fallu franchir d'innombrables barricades ! Nous avons vu le sang précieux qui inondait nos rues, nos places, nos maisons, nos monuments ! Nous avons compté les cadavres, les blessés, sondé toutes les douleurs, vu couler les larmes des amis, des parents, des orphelins, des veuves des victimes de nos combats ! C'est le désespoir dans le cœur que tous les bons citoyens contemplaient tant de désastres, tristes fruits de nos fureurs civiles ! Eh bien ! si on n'y prend garde, si on laisse exécuter les projets que les ennemis de la République avouent hautement, le passé ne sera rien auprès de l'avenir qui nous est réservé. Nous oublierons les néfastes journées de juin et les ruines et le carnage dont elles furent témoins, si on laisse se développer les conséquences logiques des projets qui s'avouent déjà ouvertement. Quoi! on ne veut donc pas comprendre que les mêmes causes produisent les mêmes effets, et que si on ne se hâte pas de faire disparaître tous les motifs d'iritation, le deuil de la nation n'est rien auprès de celui que l'avenir lui prépare! Quoi! on ne veut donc pas comprendre que tous ces projets de réaction hautement avoués donnent raison en partie aux insurgés, et que pour peu que quelques-uns de ces projets réactionnaires passent dans la constitution, pour peu que nos libertés fondamentales soient atteintes, que la souveraineté nationale soit limitée, il n'y aura plus de droit politique debout: ce qui fesait la force de l'Assemblée aura disparu pour passer à l'insurrection!

Faut-il donc, après avoir subi l'influence délétère des hommes impuissants du gouvernement provisoire, de la commission exécutive, faut-il donc que nous subissions cette autre influence bien plus pernicieuse encore des terroristes de la la réaction! Les voyez-vous s'agiter ces hommes à projets liberticides! les voyez-vous, comme ils sont âpres à la curée de nos désastres! comme ils calculent avec avidité combien tout ce sang versé, toutes ces ruines entassées, toutes ces douleurs éveillées, tout ce deuil semé feront faire de pas à leurs espérances anti-nationales! Ils ne songent pas à guérir les plaies de la société, ils ne cherchent qu'à les exploiter! Ne leur demandez pas cequ'ils ont fait dans ces journées à jamais regrettables pour sauver la société en péril, ils ne sauraient que répondre, et peut-être bien, si on fouillait le fond de toute chose, on trouverait les traces de leurs mains et de leur or jusque dans les rangs les plus impurs de cette insurrection qu'ils exploitent maintenant.

Ces hommes, les plus terribles ennemis de la République, crient bien fort que pour sauver cette République il faut comprimer la liberté, il faut exercer de sanglantes représailles contre l'insurrection abattue. Ce n'est que plans de guerre et d'extermination à la bouche qu'ils parlent de nos derniers combats, et leurs journaux viennent encore surenchérir sur les prédications furieuses de leurs maîtres. Ils se rappellent le temps heureux pour eux où ils flattaient le pouvoir qui corrompait et abaissait la France, et les voilà aujourd'hui qui flattent le nouveau pouvoir dans l'espérance de lui faire adopter leurs projets de résurrection du passé, à la faveur de nos douleurs publiques.

Il n'en sera rien!

La France veille sur tous ces ennemis intérieurs. Elle est prête pour de nouveaux combats, et après avoir vaincu les rouges champions du communisme, après avoir triomphé des ennemis de la propriété, de la famille, de la liberté, du progrès; elle saura vaincre les blancs défenseurs ocultes de la légitimité, de l'orléanisme, de la république aristocratique, qui pour réussir dans leurs projets réactionnaires poussent notre démocratie à des actes de rigueur.

Non! ils ne seront pas écoutés les réactionnaires et leurs alliés les trembleurs. Non! les mesures de rigueur ne prévaudront pas. On ne voudra pas donner raison aux insurgés de juin qui prédisaient la réaction. Les projets liberticides contre la presse, contre la garde nationale, contre le suffrage universel dont on parle déjà ne triompheront pas. Autrement malheur à la France! Que de sang elle aurait encore à verser! que de désastres elle aurait encore à subir!...

Non! on ne proscrira aucun des élus du pays, à quelqu'ordre d'idée qu'il appartienne. On ne limitera pas le choix de la France pour l'élection de son chef suprême; car il faudrait oublier que si la société a été sauvée en juin, c'est qu'avec elle combattait la souveraineté nationale.

Mais on s'occupera de panser les plaies de la société; on étendra le manteau de la clémence sur ceux qui furent seulement égarés; on recherchera les causes de la terrible catastrophe, afin de les faire disparaître, afin de sauver ceux qui succombent sous le poids de leurs infortunes.

On aura une politique plus nationale; on sera plus fraternel pour les peuples nos frères en révolution; on entrera franchement, sans arrière pensée, dans la voie du progrès, de la liberté; on se hâtera de faire disparaître tous ces appareils de guerre civile, propres seulement à entretenir les haines, les défiances.

Alors le calme se rétablira, la confiance renaîtra, la prospérité publique refleurira! la France sera enfin une démocratie, centre et point d'appui de l'Europe émancipée!

Si non! un avenir sanglant attend notre malheureuse patrie; une ère désastreuse se prépare; nous aurons encore plus d'une lugubre journée, auprès des quelles le passé disparaîtra comme insignifiant. Mais qu'on ne s'y méprenne pas, à travers toute cette tempête, tous ces désastres, la France n'en poursuivrait pas moins ses destinées!...... Car pour l'œuvre du progrès, de la liberté, du salut de l'humanité, ils sont encore braves et nombreux, les soldats de la démocratie!...

Note Ire.

Dans un récent discours rendu public, M. de Lamartine essaie de glorifier sa propre politique par les résultats qu'elle a donnés. Il n'y a pourtant pas dequoi se vanter de ces résultats là ! Après le 24 février, ce fut comme un seul mouvement dans l'Europe entière ; la France n'avait qu'à vouloir, et pas un des anciens gouvernements ne restaient debout; les peuples libres enfin, auraient réglé eux-mêmes leurs destinées dans un grand congrès européen. Au lieu de cela, on ne fit rien, on laissa faire ; or, voici ce qui est arrivé. Après un moment de terreur, les anciens gouvernements se sont rassurés et ont recommencé leurs intrigues, rendues plus actives par le péril même :

De républicain, le mouvement italien s'est fait monarchique, et il ne faudrait pas beaucoup s'étonner si un jour Charles-Albert, pour conserver ses anciens états et une partie des nouveaux, se joignait à nos ennemis pour nous accabler. L'Allemagne vient de commencer la reconstitution de son unité, non au profit de la démocratie européenne, mais pour la plus grande puissance de l'Autriche; car cette création du vicariat allemand n'est autre chose que les premiers pas d'une restauration du Saint-Empire, que la France n'avait pu détruire, par l'épée de Napoléon, qu'après une lutte qui date de Charles-Quint. Il est inutile d'ajouter qu'à la première occasion l'Allemagne, dominée par l'Autriche, se lèvera contre la France républicaine, comme elle parle déjà de se lever contre le Danemarck et l'Italie. Depuis longtemps une sourde agitation se fesait remarquer dans les populations slaves, *leurs prophètes* prédisaient de grands événements qui devaient s'accomplir par l'intermédiaire de la France et dont le résultat serait, si la nation française ne faillissait pas à sa mission, une alliance Franco-Slave, un grand empire slave, un grand empire français pour arrêter les progrès du Moscovite et la tyrannie du Germain. Ces idées étaient répandues dans toutes les nations slaves, je suis à même, plus que tout autre, de l'affirmer. Il est vrai de dire cependant que la Russie essayait de détourner ce mouvement slave à son profit. A l'aide de nombreux agents, elle s'efforçait d'affaiblir le rôle que les prophètes slaves prédisaient à la France, et de se faire attribuer tout le bénéfice des prédictions; elle y réussissait peu, lorsque la révolution de février éclata. Ce fut pour les peuples slaves comme une commotion électrique : la grande nation française se réveillait enfin, les temps étaient venus, les prédictions allaient s'accomplir! Les Slaves en masse se levèrent pour répondre au signal de la France. Ce fut en

vain. La politique Lamartine fit échouer le mouvement.
Or, les Slaves voyant l'indifférence de la France, se rappelè-
rent une autre de leurs prédictions : c'est que peut-être la
France faillirait à sa mission. Ils retombèrent découragés ;
mais en retombant ils trouvèrent les bras de la Russie pour
les soutenir. Depuis lors, les agents russes n'ont pas perdu
leur temps, ils ont fait tout au monde pour confisquer le
mouvement slave au profit de la Russie ; ils y ont en partie
réussi !... En sorte que ces puissants auxiliaires de la France,
ces innombrables populations slaves, d'un moment à l'autre
peuvent en masse se lever contre nous pour nous punir, disent déjà les agents russes, pour nous punir d'avoir désobéi à
l'ordre de Dieu, qui nous commandait de délivrer l'Europe !..

Voilà quelques-uns des résultats de la politique Lamartine.
Il n'y a certe pas dequoi s'en vanter, je le répète.

NOTE II.

Un certain nombre de personnes ont montré de l'étonnement, au sujet de la conduite tenue par la garde mobile pendant les journées de juin ; pourtant cette conduite pouvait être
pressentie d'avance. Peu de temps avant les journées fatales à
la liberté, qui en juin dernier ont couvert Paris de ruines, de
sang et de deuil, par des avis mystérieux la garde mobile avait
été convoquée aux Champs-Elysées ; de deux a trois mille vo-
lontaires s'y rendirent. Il s'agissait de décider quel serait la
conduite que tiendrait la garde mobile en cas de l'insurrection d'une partie de Paris. Quelques gardes, appartenant au
18ᵉ bataillon, ayant fait observer qu'une pareille question ne
pouvait être discutée en plein vent, il fut convenu que le lendemain, des délégués de tous les bataillons, se rendraient à la
caserne de l'*Ave-Maria* où on désiderait la question. Le lendemain trois cents délégués environ des divers bataillons se
rendirent au lieu du rendez-vous. Après une discussion ani-
mée, il fut résolu, sur la motion du citoyen E..... C.........,
que la garde mobile défendrait partout et toujours la souveraineté nationale, que cette souveraineté fut menacée par la
force ou par la ruse ; qu'elle considérerait comme une attaque
à la souveraineté nationale toute atteinte portée *au suffrage
universel, à la liberté de la presse, à la liberté de discussion et de
réunion*, qu'elle considérerait enfin comme un attentat à cette
même souveraineté et aux droits sur lesquels elle repose, toute
provocation à la guerre civile, non justifiée par une violation
réelle des droits que je viens d'énumérer, et que dans ce cas,
sans hésitation aucune, elle marcherait comme un seul homme

contre l'insurrection. Une note conçue dans ce sens fut insérée dans *le National*, *la Presse*, *le Constitutionnel* et quelques autres journaux. Il n'y avait donc pas à se méprendre sur les intentions de la garde mobile. Cependant, à l'aide d'équivoques blâmables, dont ne sont pas coupables seulement les insurgés, on parvint à jeter de l'obscurité sur ce qui était cependant bien clair! On persuada ainsi à une partie de la population de Paris que la garde mobile avait pris une détermination complétement opposée à celle que véritablement elle avait adoptée; c'est ce qui fit que le 23 juin, la croyance généralement répandue parmi les insurgés, était que la garde mobile se rangerait de leur côté. Ils furent cruellement déçus dans leurs espérances. Il est évident maintenant qu'un grand nombre d'insurgés n'auraient pas pris les armes, s'ils n'avaient pas été induits en erreur sur l'esprit qui animait la garde mobile. Cette erreur aurait pu ne pas exister. En effet, les délégués des bataillons, réunis à l'*Ave-Maria*, avaient décidés la fondation d'un club destiné à éclairer, d'une part, les gardes mobiles, afin qu'aucun d'entre eux ne se laissa circonvenir par les émissaires de l'anarchie, et d'autre part, afin de faire connaître au peuple quel était le véritable esprit de la garde mobile; mais ce projet ne put se réaliser, par suite du mauvais vouloir de quelques officiers de la garde mobile qui firent en sorte d'empêcher la première réunion. Par leur conduite, ces officiers ont assumé sur leur tête une partie de la responsabilité des désastres de juin, car peu de jours après, l'insurrection leva sa tête formidable.